내 인생의 프로젝트

내 인생의 프로젝트

야마자키 다쿠미 지음 | 이수경 옮김

기한이 정해진 일은
모두 프로젝트다.

두 남자가 벽돌을 쌓고 있었다.

"당신들은 지금 무엇을 하는가?"라고 묻자
한 사람은 "벽돌을 쌓고 있다."고 대답했다.
다른 한 사람은 "교회를 짓고 있다."고 대답했다.

그리고 먼 훗날 두 사람은 완전히 다른 삶을 살았다.

Prologue

사람이 일을 하는 데는 목적이 있다.

단지 먹고 살기 위해서인가?

사랑하는 가족을 돌보기 위해서인가?

출세와 명예,

더 나은 생활을 영위하기 위해서인가?

쓸모 있는 인간이라는 것을 인정받기 위해서인가?

아니면 일하는 것 자체를

즐기기 때문인가?

시간을 멈추고 자신의 마음과

천천히 대화해 보라.

눈앞의 일에만 신경을 쏟으면
어느 새 당신의 눈은 '벌레의 눈'이 된다.
벌레는 나무밖에 보지 못하지만
새는 숲까지 볼 수 있다.
'새의 눈'으로
높은 하늘 위에서 자신의 모습을 확인하라.

자신이 가고자 하는 목적지와
걷고 있는 방향이 일치하는가?

목적지에 닿기 위한
장비와 정열은 갖추었는가?

애초에 그 목적지는
당신이 진정 바라던 곳인가?

인생은 하나의

프로젝트다.

사람은 누구나 몇 가지 목표가 있고
더구나 사용할 수 있는 시간은 한정되어 있다.

하루하루를 즐기기 위해서는
목표까지의 기한을 정한다.
기한이 정해지면 예정을 짤 수 있다.
예정이 잡히면 지금 해야 할 일이 보인다.

꿈을 이루는 과정은 단순하다.
늦는 일은 있어도
불가능한 일은 없다.

이 책은 프로젝트의
시작부터 끝까지
기본적인 성공 패턴을 좇는다.

무엇보다 중요한 것은 경험이고
실제로 행동하지 않으면
이해할 수 없는 일들이 많지만
직업이나 목표의 종류를 불문하고
자극이 될 만한 힌트를 모았다.

인간은
상황이 '지금보다 나빠질 것'에
공포를 느끼는 것과 마찬가지로,
'지금보다 좋아질 것'에도
두려움을 느낀다.

먼저 자신이 아주 조금만

변하는 것을 허락해 주기 바란다.

근거도 자신감도

필요 없다.

멋진 일은
언제나 간단히 일어나니까.

PROJECT OF LIFE

REE

자유로워진다. 그것은 무엇인가로부터 도피하는 것이 아니라 자신이 삶의 주인이 되는 것이다.

PROJECT OF LIFE

CONTENTS

PROJECT OF LIFE【Ⅰ】

목표

What do you want to do?

CHAPTER1 무엇을 목표로 하는가?

WHAT DO YOU WANT TO DO?

무엇을 목표로 하는가?
WHAT DO YOU WANT TO DO?

어렸을 때 나는 종종 가업인 진주양식 일을 도왔다. 조개에 붙은 해초를 칼로 떼어내는 단순한 작업이었는데, 결코 좋아할 수 있는 일은 아니었다.

어느 날 어머니를 졸라서 스톱워치를 샀다. 10분 동안 조개를 몇 개나 처리할 수 있는지 도전해 보기 위해서였다. 다양한 방법을 시도해서 어떤 방법이 제일 효율적인지 체크했다.

힘만 들고 잘 안 되는 방법도 있었고, 재미있으면서 쉬운 방법도 있었다.

그렇게 알아낸 방법들을 머릿속으로 정리해 최소한의 노력으로 최대의 결과를 얻을 수 있는 매뉴얼을 만들어갔다.

몰두하고 있는 동안에는 시간도 쏜살같이 흘러서, 문득 정신을 차리고 보면 어느새 하루해가 저물고 있었다.

목표를 잘 세우면 힘든 일도 게임처럼 즐겁게 할 수 있다는 사실을 깨달은 순간이었다.

인생의 주인공이 되어라.

3+8=?

100×27÷90+30−60 = ?

이 문제를 풀 수 있을까?

정답은 물론 '11'과 '0'이다. 답은 오직 하나뿐.

문제를 막힘없이 계산하고 정확한 답을 구할 수 있는 능력은

기억력과 반복 훈련으로 단련할 수 있다.

100 = ?
매출을 30% 늘린다 = ?
마감에 맞출 수 있다 = ?

이번에는 어떨까? 물론 정답은 무수히 많다.
학교에서는 답이 여럿인 문제를 푸는 방법은 가르쳐주지 않는다.

중요한 것은 답의 수와 개성.
정해진 시간 안에 톡톡 튀는 기발한 아이디어를
가능한 많이 낼 것.

아이디어 승부는 얼마나 많은 아이디어를 내느냐에 달렸다.

당연한 것이라도 좋다.

머리에 떠오른 생각은 무엇이든 많이 쏟아내자.

수가 많아질수록 개성 있는 아이디어가 나올 확률이 높다.

'100'이라는 수를 만드는 방법을 생각해보자.

'1+99' '2+98' …… 이 있고, '50+50'도 있다.

덧셈에 싫증 나면 곱셈이나 나눗셈을 사용해도 좋고

개중에는 루트와 시그마, 로그를 사용하는 사람도 있을 것이다.

양과 수는 창조성과 독창성을 낳는 바탕이 되고

그것이야말로 모든 일에서 가장 중요한 '가치'가 된다.

? = ?

마지막으로 이 문제는 어떨까?
문제도 없고 답도 없다.
다시 말해 스스로 문제를 만들고
그 답을 찾아야 한다.
이것이 자신의 인생을 자유롭게 살기 위한
유일한 방법이다.

자신의 인생을 즐기려면 먼저 '무엇에서 해방되고 싶은지'
'어떻게 되기를 바라는지'부터 확인해야 한다.
무엇이 하고 싶은지, 어떻게 되고 싶은지
무엇을 할 때 가슴이 설레고 두근거리는지.
늘 쉴 새 없이 자신에게 묻다 보면 목표, 곧 비전은 저절로 보인다.

꿈은 '지식'이다.
많이 알수록 선택의 폭이 넓어지고
미래의 비전이 선명하게 드러난다.
다른 사람의 꿈에도 귀를 기울이면서 '내 꿈은 어떤지'를 생각하라.
거기에서 힌트를 얻을 때도 있다.
작은 설렘에도 민감하게 반응하라.

책이나 잡지, 영화, 거리의 풍경, 친구와 나누는 대화 속에서 가슴이 반응하는 정보들을 모아 노트나 컴퓨터에 차곡차곡 기록하라. 비전이란 비주얼화된 미래의 예상도다. 그림이나 사진처럼 시각에 호소하는 소재를 많이 접할수록 이미지는 뚜렷해진다.

자신과의 대화도 중요하게 여겨라.
하루 5분이라도 좋다.
노트를 펼쳐놓고 혼자 생각할 시간을 가져라.
이때가 가장 사치스러운 시간이다.
머리에 떠오른 생각을 그대로 노트에 적어서 내 안에 있는 '희미한 마음의 목소리'를 밖으로 끄집어내라.
생각을 글로 쓰는 동안 내 안의 정직한 욕구를 찾게 될 것이다.

욕구는 다른 사람에게 이야기할수록 머릿속으로 정리가 된다.

재빨리 소멸하는 것도 있지만 누군가의 공감을 얻어 커지는 것도 있다.

할 수 있고 없고를 떠나서 어쨌든 적극적으로 말을 꺼내라.

당신의 열정이 협력자를 부르고, 나아가 일을 시작할 환경까지 갖춰지는 일도 있다.

WHAT DO YOU

어떻게 하면 최고일까?

브레인스토밍 = 상식을 깬다

한계를 정하지 말고 생각나는 대로 '이건 어떨까?' '이렇게 되면
멋지겠다' '저걸 흉내내 보면 어떨까?' 이런 아이디어를 서로 내라.
상대가 이야기하는 도중에 부정해서는 안 된다. 자금이 부족하다,
기술이 부족하다, 시간이 부족하다… 이런 '부정적인 이야기'는
지체 없이 무시한다. 처지와 나이, 경험, 목소리 크기도 신경 쓰지
않는다. 아이디어는 수가 중요하지 질은 문제가 안 된다.
'그거, 좋은데!' '오우~!' 고조된 분위기 속에서 상대의 이야기에
동의하고, 열심히 생각을 북돋워주자.
여러 사람의 아이디어에 귀를 기울이다 보면 자신이 이 프로젝트
에 어떤 생각을 품고 있는지 알게 될 것이다.

*브레인스토밍: 자유토론 방식으로 서로 많은 의견을 내면서 독창
적인 아이디어를 끌어내는 집단사고법.

누구를 위한 프로젝트인가?

프로젝트에는 반드시 의뢰인이 있다.

의뢰인은 통상 회사의 상사나 고객, 가족이나 동료지만

자신을 위해서 일하는 프로젝트는 자기 자신이 의뢰인이 된다.

프로젝트란 의뢰인의 요구를 만족시키기 위한 것이지

결코 스케줄 우선이 아니다.

'누구의 욕구를 만족시킬 것인가?'가 모든 판단의 기준이 된다.

그것만 분명히 해두면 도중에 길을 잃거나

잘못된 선택을 하지 않는다.

이벤트를 준비하다 보면 동료끼리 의견이 달라

다툼으로 발전하는 일이 있다.

하지만 그 이벤트가 '동료끼리 친목 도모를 위해 기획한 행사'라면

다툼은 아무런 의미도 없다는 걸 알 수 있다.

목표를 쫓아가야지 목표에 쫓겨서는 안 된다.

프로젝트의 결승선은 어디인가?

목표는 간단한 '사실'로 정한다

'부모님께 효도한다'는 말은 이미지일 뿐이지만
'1년에 한 번씩 부모님께 해외여행을 선물한다'는 것은
구체적인 사실이다.
'회사 분위기를 밝게 한다'는 말은 이미지지만
'모든 사원에게 웃는 얼굴로 인사한다'는 것은
구체적인 사실이다.

머리로 그린 '이미지'는
명확한 '사실'로 바꿀 때 비로소 목표가 된다.
'사실'은 사람에 따라 해석이 달라지는 법이 없다.

과연 목적지는 어디인가?

'부자가 되고 싶다'고 말하는 것만으로는 결코 부자가 될 수 없다.
그 말에는 기준이 없기 때문이다.
'돈을 좀더 벌고 싶다'고 염원하기보다
'한 달 수입을 5만 원 올리겠다'고 결심하라.
'좀더 내 시간을 갖고 싶다'고 바라기보다
'앞으로 휴가를 이틀 늘리겠다'고 결심하라.

막연한 이미지뿐인 욕구를 구체적인 사실로 바꿀 때
무엇을 어떻게 해야 좋을지 윤곽을 잡을 수 있다.

어디까지 할 것인가?

목표에는 범위가 있어야 한다.
'할 일'을 정했으면
동시에 '어디까지 할 것인가?'도 정해야 한다.

'내 가게를 갖고 싶다'는 목표를 세웠을 때
목표가 달성된 시점은 '가게를 냈을 때'인가.
아니면 '흑자가 되었을 때'인가.
아니면 '2호점이 완성되었을 때'인가.

지리산에 오른다는 말은 너무 모호하다.
노고단까지 오를 것인가. 천왕봉까지 오를 것인가.
어디를 목표로 정하느냐에 따라 순서와 장비가 달라진다.

WHAT DO YOU

WANT TO DO?

목표를 어디로 정할 것인가?

성공하는 법과 계속 성공하는 법은 다르다

목표를 밑도는 것은 물론이고, 목표를 크게 웃돌아도 안 된다.

결국 어느 쪽도 순서를 제대로 정하지 않았다는 증거다.

우연한 성공은 우연한 실패와 같다.

설령 한 번 성공했다고 해도 계속 성공하기는 어렵다.

자신의 프로젝트를 쉽게 조절하기 위해서

목표를 ABC 3단계로 설정하는 편이 좋다.

만약 이루어지면 어깨춤이 절로 날 만큼 기쁜 것은 A 목표.

… 완벽하게 달성하면 최고.

조금 노력하면 달성할 수 있는 것은 B 목표.

… 이것을 목표로 한다.

틀림없이 해낼 자신이 있는 것은 C 목표.

… 무슨 일이 있어도 해내고 싶다.

C 목표는 자신을 책망하거나 도중에 포기하지 않기 위해
세운 목표다.
이것을 달성함으로써 자존심을 지키고
다음 단계로 나아갈 수 있다.

행운은 하나하나 순서대로 찾아온다.
일이 잘 풀릴 때는 누가 하더라도 깜짝 놀랄 만큼 잘 풀린다.
일이 잘 풀리지 않을 때 얼마나 앞으로 나아갈 수 있는가,
그 합이 바로 '인생의 격차'가 된다.

나만의 규칙이 있는가?

스타일이 있기 때문에 망설이지 않는다

쉬는 것은 자유지만 납기만큼은 지킨다.
속도는 추구하지만 일은 대충하지 않는다.
무리는 하지만 터무니없는 일은 하지 않는다.

자신의 본능에서 싹튼 '하고 싶은 일'과
자신이 오랜 시간 들여서 완성한 '스타일'을 일치시킨다.

한번 정한 규칙은 나중에 예외를 인정하지 않는다.
흑자를 내겠다고 결심해놓고
'적자지만 홍보가 되었으니까'라든지,
납기를 지키겠다고 결심해놓고
'납기는 지키지 못했지만 좋은 일을 할 수 있었으니까'라는
변명은 용납하지 않는다.

무엇 때문에 주저하는가?

하는 방법을 모른다
그렇다고 멈춰서도 상황은 달라지지 않는다

목표를 달성하려면
무엇부터 손대야 좋을지 모르는 것 자체는 문제가 안 된다.
오히려 모른다고 하는 문제를 '보류하고 있는 것'이 문제다.

아무리 머리로 생각해도 답은 나오지 않는다.
이럴 때는 어떤 불안을 품고 있는지
종이에 적어서 파악하면 된다.
정체만 드러나면 불안은 이미 절반 정도 해결한 것이나 다름없다.
나머지는 경험자에게 묻거나, 책이나 인터넷에서 조사한다.
답은 밖에서 찾으면 된다.

만일 불안 요소가 분명하지 않다면
어떻게 해야 분명해질지
언제쯤 분명해질지
누구에게 물어보면 분명해질지를 생각해서
그것을 스케줄 표에 기입한다.

일단 적어놓은 뒤에는 그날이 될 때까지 잠시 문제를 잊어버려라.
불안을 품고 있으면 눈앞의 일에 기분 좋게 몰두할 수 없으니까.

사회 속에서 사는 인간은 무엇인가에 구속되어 있다
그러나 그 구속이
당신의 행동을 제한한다고 한정할 수는 없다

새끼 코끼리를 매어두는 말뚝과
어미 코끼리를 매어두는 말뚝은 똑같은 말뚝이라고 한다.
코끼리는 새끼였을 때 이미 '도망쳐도 소용없다'는 걸
깨닫기 때문에 어른이 되어서도 도망치려고 하지 않는다.
불가능하다고 믿기 때문에 능력이 되어도
시도조차 하지 않는 것이다.

당신도 과거의 속박이 기억 속에 뿌리 깊게 남아 있는지도 모른다.
일단은 스스로 해보는 거다.
자그마한 성취감이 잊어버리고 있던 자신감을 되찾는
계기가 될 것이다.

PROJECT OF LIFE 【Ⅱ】

순서

Stairway to heaven

CHAPTER2 어떤 식으로 진행할 것인가?

STAIRWAY TO HEAVEN

어떤 식으로 진행할 것인가?

STAIRWAY TO HEAVEN

기한 내에 할 수 있는 일을, 할 수 있는 속도로.
순서를 정하는 것은 결승선에 이르는 계단을 만드는 일과 같다.
구름 위에 있을 것 같던 목표도
한 걸음씩 올라갈 수 있는 높이로 만들면
마침내 가닿을 수 있다.

장래 이렇게 되고 싶다.
그러기 위해서는 올해 안에 이렇게 되어야 한다.
올해 그렇게 되려면 이달까지 이것을 해야 한다.
그러려면 오늘은 이것을 하면 된다.
순서에 따라 디자인된 작은 하루하루가 쌓이면
기적처럼 미래로 이어진다.

운이나 우연에 의존하지 마라.
할 일을 조사하라.

실패하는 원인의 대부분은
'결승선까지의 준비'도 없이 착수하는 데 있다

되는 대로 일을 하면 대부분 잘 풀리지 않는다.
우연히 잘 풀릴 때도 있지만, 그 우연이 거듭된다는 보장도 없다.

늘 바라는 결과를 꾸준히 내기 위해서는
운이나 우연에 의존하지 말아야 한다.
불패 방정식은 '결승선까지 필요한 작업'을 조사해서 알아내는 것.
할 수 있는 한, 생각나는 한, 시간이 허락하는 한.
할 일을 많이 조사할수록 한 계단이 줄어들고
손에 닿을 것 같지 않던 결승선이 눈에 보이기 시작한다.

할 일을 조사하는 데는 스스로 안심할 수 있다는 이점도 있다.
여러 가지 고민할 것도 없이 '앞으로 이것만 하면
반드시 달성할 수 있다'는 안도감이다.
그런 확신이야말로 사람을 질주하게 만드는 원동력이다.
프로젝트를 성공시키는 데 이보다 중요한 것은 없다.

조사하기의 이점

1

해야 할 일을 빠뜨리는 것을 방지할 수 있다.

2

프로젝트 전체를 꿰뚫어볼 수 있기 때문에 한 가지 작업이
다른 작업에 어떤 영향을 주는지 알 수 있다.

3

몇 사람이 움직이는 경우, 작업을 분담하기 쉽다.
최고의 인재를 최적의 위치에.

4

예산과 작업량, 소요시간을 예측하기 쉽다.

5

일손이나 예산을 원할 때 남을 설득하기 쉽다.

해피엔드에서 역산하라.

프로젝트 마지막에는
'자신이 만족하고 싶다'는 절대의 목적이 있다

그러므로 먼저 혼자서 '완벽하게 성공한 그림'을 머릿속으로 그려보고, 그때 자신이 느낄 감정을 미리 느껴본다.

성공을 얻으려면 얼마나 큰 충격을 주어야 할까.

그 정도의 충격을 주려면 어떤 현상을 일으켜야 할까.

그 정도의 만족을 얻는 데 지금 부족한 것은 과연 무엇인가.

자신의 '부족한 감(感)'을 확인해둔다.

그 마음으로 해야 할 일을 생각해본다.

머릿속으로 여러 번 리허설하는 것도 좋다. A 프로젝트가 성공한 뒤 만족스럽게 웃는 자신의 모습에서부터 거꾸로 비디오를 되감아 반복해서 보는 감각이다.

시간축을 따라 생각하는 동안에 '참, 이것도 해야지.' 하는 많은 깨우침을 만난다.

그것을 차곡차곡 종이에 적어서 목록으로 만들어간다.

모르는 것을 조사하고, 정통한 사람에게 물어보는 것도 '해야 할 일' 중 하나다. 지금 모르는 것은 문제가 아니다. 중요한 것은 '무엇을 모르는지'를 알아내는 것이다.

해야 할 일부터
누락과 중복을 없애라.

혼자 상상하고, 조사하고, 누군가와 브레인스토밍을 하면서
'해야 할' 많은 일을 찾아냈다.

그러나 거기에는 아직

부족한 작업 = 누락

비슷한 작업 = 중복

이 뒤섞여 있다.

실제로 몸을 움직이기 전에 '누락과 중복'을 철저하게 배제하는 것
이 프로젝트를 원활하게 이끌어나가기 위한 절대조건이 된다.

예를 들어보자.
이것은 어느 회사원이 생각한 회사의 문제점이다.

회사의 문제점

1. 화장실이 지저분하다. 2. 내진공사를 할 정도라면 차라리 빌딩을 다시 짓고 싶다. 3. 엘리베이터 수가 적다. 4. 구내식당에서 밥을 퍼주는 양이 사람마다 다르다. 5. 아르바이트 직원의 태도가 나쁘다. 6. 지사가 멀리 떨어져 있어 불편하다. 7. 회사가 역에서 멀다. 8. 고객을 대하는 신입사원의 태도가 나쁘다. 9. 복리후생이 열악하다. 10. 월급이 적다.

이처럼 머리에 떠오른 대로 문제점을 꼽아보면, 범위가 넓고 추상적인 문제부터 내 주위에서 쉽게 볼 수 있는 구체적인 문제까지 상당히 들쭉날쭉해서 다양한 문제점을 생각해내기 어렵다.
업무의 진행이나 경영관리 문제처럼 중요하다고 생각할 법한 문제도 나오지 않는다. 이른바 '누락되어 있는' 상태다.

'회사의 문제점'처럼 큰 주제에 대해서 누락 없이, 중복 없이 아이디어를 내기는 어렵다. 이럴 때는 몇 가지 틀을 만들어본다. 전체를 부분으로 구분하면 아이디어를 내는 게 훨씬 쉽다.

■ 누락 있음·중복 있음

회사를 구분한다   • 영업팀

                     • 신입사원

※ 영업팀과 신입사원이 중복되고 빠진 요소가 많다.

■ 누락 있음·중복 없음

회사를 구분한다   • 사람

                     • 환경설비

                     • 업무

※ 중복은 없지만 '관리', '상품'이 빠졌다.

■ 누락 없음 · 중복 있음

회사를 구분한다   • 남직원

                     • 여직원

                     • 신입사원

                     • 환경설비

                     • 관리

                     • 업무

                     • 상품

※ 누락은 없지만 남성 신입사원, 여성 신입사원이 중복된다.

■ 누락 없음 · 중복 없음

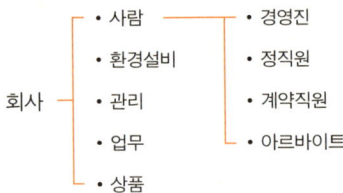

이처럼 누락도 없고 중복도 없는 상태를 'MECE(Mutually Exclusive Collectively Exhaustive)'라고 한다.

'자기 자신'을 분석할 때는 '장점'뿐만 아니라
'단점'까지도 생각한다.
'회사'를 분석할 때는 '자사의 강점'만이 아니라
'경쟁 기업'과 '고객'까지도 생각한다.
'판매 전략'을 생각할 때는 '상품' 자체만이 아니라
'가격'과 '매장', '홍보 방법'까지도 생각한다.
이것은 모두 MECE로 되어 있다.

MECE = 누락 없는 몇 개의 크고 명확하지 않은 프로젝트에 현실감
을 부여한다.

회사의 문제

환경설비 문제

화장실이 지저분하다. 내진공사를 할 정도라면 차라리 빌딩을 다시 짓고 싶다. 엘리베이터 수가 적다. 구내식당에서 밥을 퍼주는 양이 사람마다 다르다. 지사가 멀어 불편하다. 회사가 역에서 멀다. 회의실이 적다. 출산 육아지원이 불충분하다. 응접실이 비좁다.

관리·업무·상품 문제

회의를 너무 자주 한다. 상사의 지시가 모호해서 이해하기 어렵다. 사내 행사를 줄였으면 좋겠다. 유급휴가를 좀처럼 쓰지 못한다. 담당자가 자주 바뀐다. 프로젝트를 맡을 인재가 부족하다. 상품 전체의 비용이 높다. 반품률이 높아지고 있다. 새로운 기획수가 줄고 있다.

정직원·계약직원 문제

고객을 대하는 신입사원의 태도가 나쁘다. 정시에 퇴근하는 사람이 적다. 남녀 비율이 맞지 않는다(여성이 너무 적다). 머리 모양이나 복장이 단정하지 않다. 인사를 안한다. 전화나 인터넷을 사적인 일로 쓴다. 복사기를 난폭하게 다룬다.

아르바이트 문제

사원들을 대하는 태도가 쌀쌀맞다. 정시에 출근하지 않는다. 점심시간을 불규칙하게 쓴다. 인원이 적다. 전화 받는 태도가 나쁘다. 복장이 단정하지 않다. 복사가 늦다.

경영진 문제

사원의 월급이 적다. 회사의 이익이 낮다. 회사 지명도가 낮다. 지역과의 연계가 약하다. 환경문제에 관심이 적다. 방침이 일정하지 않다. 경영 상태가 불투명하다. 경쟁사와의 차별화가 분명하지 않다. 신규 사업에 관한 인지도가 낮다.

STAIRWAY TO HEAVEN

할 일을 나누어라.

큰 과제를 구성하는 '작은 과제'를 목록으로 정리했으면
그 작은 문제를 더욱 잘게 나눈다.
한 가지 작업은 잘게 나눌수록 단순하고 구체적이 된다.

'이익이 낮다'라는 과제에 착수할 때 아무렇게나 '가격을 올리자'
'좀더 정신을 차리자' '새로운 인재를 채용하자'고 무작정 시작해
도 좋은 결과는 바랄 수 없다.
MECE와 로직트리를 사용해서 분석하면 어디부터 손을 대야 할
지 분명해진다. 거기에서부터 순서대로 아이디어를 내면 된다. 갑
자기 무리할 필요는 없다.

문제 분석의 로직트리

목표 – 이익을 높인다

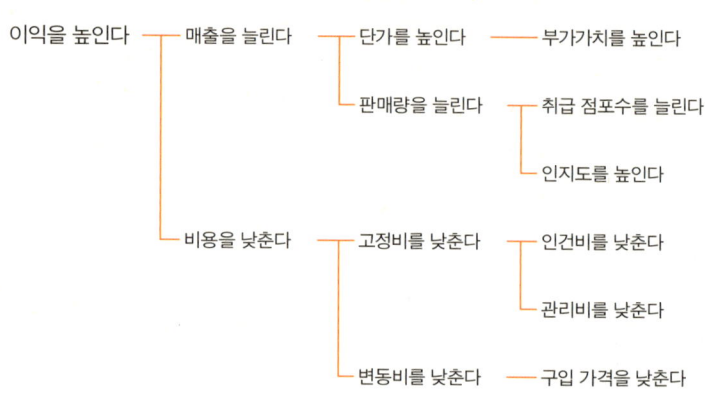

'이익을 높인다'는 말 한 마디에도 이렇게 '할 수 있는 일'이 다양하다.

이중에서 먼저 '판매량을 늘린다'를 예로 들어보자.

판매량을 늘리기 위해 '업자와 고객의 교류 이벤트'라는 아이디어를 실시하기로 했다.

이벤트 개최 로직트리

목표 – 교류 이벤트를 성공시킨다

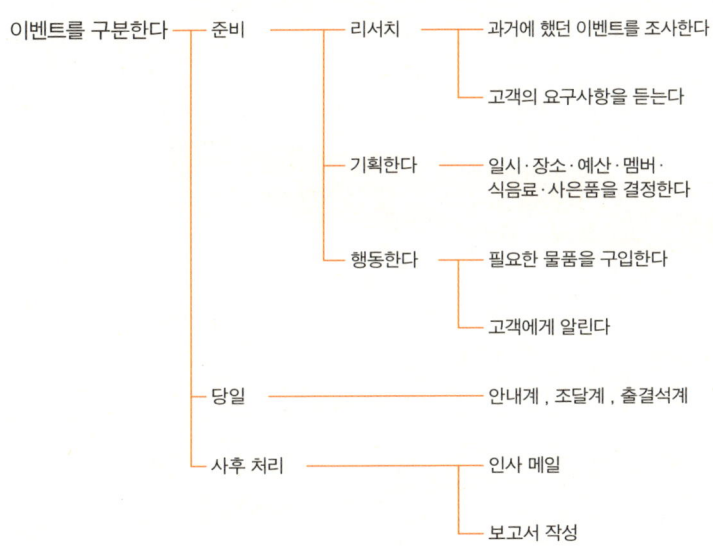

오른쪽으로 갈수록 작업이 다양해진다. 그런 작업을 '하찮은 일'이라고 생각하는 사람이 있는데, 어떤 작업이든 '하찮은 일'이라고 부를 만한 일은 없다. 그림을 보면 알 수 있듯 모든 작업은 프로젝트를 성공으로 이끄는 중요한 요소다.

구름 위에 있을 것 같은 앞이 보이지 않는 프로젝트도 이처럼 누락과 중복 없이 작은 계단을 만들어서 올라가면 반드시 목표에 도달할 수 있다.

마감일을 정한다.

프로젝트에는 반드시 기한이 있다

바꿔 말하면 기한이 정해져 있는 일은
모두 프로젝트라고 부를 수 있다.
'가까운 시일 내에 한다'는 말은 너무 모호하다.
자신이 자유롭게 쓸 수 있는 시간과
프로젝트 완료까지 걸리는 작업 소요시간.
이 두 가지를 비교해서 언제까지 끝마칠 것인지
마감 날짜를 분명히 정해둔다.

누구나 하루에 쓸 수 있는 시간은 24시간으로 평등하다.
그렇지 않아도 하루하루 할 일이 많다. 시간이 부족하다.
그런 가운데 또 다시 새로운 일에 착수할 때
시간을 만들어내는 방법은 세 가지다.

하나는 지금까지 해오던 뭔가를 과감하게 그만두는 것이다.

습관을 줄이면 새로운 시간이 생긴다. 새로운 시간에는 자연히 새로운 행동을 하게 된다. 그때 반강제적으로 '꿈을 이루기 위한 예정'을 짜넣어도 된다.

또 하나는 동료의 힘을 빌리는 것이다.

'나 혼자 전부 해야 직성이 풀린다' '누군가에게 부탁하는 게 미안하다'고 생각하지 말고 과감하게 부탁해본다. 무엇인가를 부탁받았을 때 기쁨과 보람을 느끼는 사람도 분명 있다.

마지막으로는 누군가를 기다리는 시간, 자동차나 지하철을 타고 이동하는 시간, 목욕하는 시간 등 자투리 시간을 활용하는 것이다.

그러기 위해서도 '시간 나면 하고 싶은 일' 목록을 늘 의식하고 있거나 어딘가에 기록해 둔다. 자투리 시간을 패치워크처럼 이어서 프로젝트를 완성할 수도 있다.

단, 기한은 빠듯하게 정하지 말고 넉넉하게 잡는다.

갑자기 급한 일이 생기거나, 갑작스럽게 손님이 찾아오거나, 막 집중하기 시작했을 때 울리는 전화 등 일상에는 시간을 빼앗는 요소가 너무 많아서 자유롭게 쓸 수 있는 시간은 예상보다 적기 때문이다. 시간을 낭비하면 그것을 회복하려고 서두르게 되고, 결국 일 전체의 질이 떨어진다.

사소한 일을 장인처럼 빈틈없이 해내라.

바쁘게 움직이는 자신의 모습에 도취되지 말고 냉정한 얼굴로 주위를 돌아보라.

프로젝트의 중심에서 늘 흔들림 없는 상태를 유지하라.

그러기 위해서는 '여유'가 필요하다.

예정을 짤 때는 놀거나 아무것도 하지 않는 시간까지도 넣어서 짜야 한다.

프로젝트 동지를 찾아라.

멋진 결과는
재능 많은 사람들의 집합체에서 나온다

혼자 할 수 있는 일에는 한계가 있다.

누구와 손잡을 것인가? 어떤 팀으로 만들 것인가?

다양한 사람의 의견을 모아 서로 약한 부분을 보완한다.

진짜 실력은 한 사람의 힘이 아니라

다른 사람의 힘을 '얼마나 모을 수 있는가'로 결정된다.

사람과 사람이 손을 잡으면

두 사람의 재능을 더한 것 이상으로 멋진 결과가 나온다.

사람들은 왜 이 프로젝트에 참여했을까?

이 분야에서 눈에 띄고 싶어서? 경험을 쌓고 싶어서?

단지 정당한 보수를 받기 위해서?

동료 한 사람 한 사람의 '장점'을 파악하고

그 장점을 펼칠 수 있는 환경을 정비해준다.

'해주면 좋겠다'고 부탁하기보다 '하고 싶다'고 말하게 하라.

해야 할 일을 정리하자.

해야 할 일이 산더미처럼 쌓여 있어도 서두르지 않는다.
계단을 한 칸씩 올라가듯 하나하나 정성을 다해서
정리해 가면 된다.

이 일은 중요한 일인가, 긴급한 일인가?

가장 먼저 해야 할 일은 물론 긴급하면서도 중요한 일이다.
긴급하지만 중요하지 않은 일에 신경을 쓰고 있으면
아무리 열심히 노력해도 바라는 결과를 얻을 수 없다.
긴급하지는 않지만 중요한 일을 우선하면
여유 있는 시간을 연출할 수 있다.
그 일은 장래 긴급하면서도 중요한 일로 변하기 때문이다.

또 모든 일에는 지금 확실한 일과 확실하지 않은 일이 있다.
확실한 일은 단지 행동으로 옮기기만 하면 되므로
확실하지 않은 일을 확실하게 만드는 일부터 시작하자.

목표 – 이사한다

해야 할 일 (순서 없음)

- 낡은 가구를 처분한다
- 새 가구를 구입한다
- 집주인에게 인사한다
- 전기·가스·수도·전화업자에게 연락한다
- 상자 등 포장 재료를 구한다
- 새집의 가구 배치를 결정한다
- 새집을 청소한다
- 이웃집에 인사한다
- 교통을 알아본다
- 이사비용 견적을 받는다
- 버릴 짐과 가져갈 짐을 정한다
- 이사업체를 물색한다

- 지역 시세를 알아본다
- 집을 찾는다
- 계약한다
- 방 배치를 결정한다
- 송별회
- 동사무소에 신고한다
- 이사했다는 엽서를 보낸다
- 이삿짐 쌀 계획을 세운다
- 집 내부를 직접 확인한다
- 생활필수품 개봉
- 주소이전 신청

확실히 하지 않은 것

지역을 결정하기 위해
- 교통을 알아본다
- 지역 시세를 알아본다

새집을 결정하기 위해
- 물건을 찾는다
- 집 내부를 직접 확인한다
- 계약한다

방 배치를 결정하기 위해
- 새집의 가구 배치를 결정한다
- 버릴 짐과 가져갈 짐을 결정한다
- 방 배치를 결정한다

확실한 것

이사하기 전에 할 일
- 낡은 가구를 처분한다
- 상자 등 포장 재료를 구한다
- 이사업체를 물색한다
- 이사비용 견적을 받는다
- 송별회
- 이삿짐 쌀 계획을 세운다

이사한 뒤에 할 일
- 새 가구를 구입한다
- 주소이전 신청
- 전기·가스·수도·전화업자에게 연락한다
- 새집을 청소한다
- 이웃에게 인사한다
- 이사했다는 엽서를 보낸다

이사 당일 할 일
- 집주인에게 인사한다
- 동사무소에 신고한다
- 생활필수품 개봉

지금까지 경험하지 못한 작업, 복잡하게 뒤얽힌 작업을 할 때는 더욱 세세하게 분해한다.
어디까지 세분화해야 할까? 기준은 5일 안에 끝낼 수 있는 양이다.
5일 이상 똑같은 작업을 계속하면 집중력이 떨어지기 때문이다.

새집을 찾는다
- 정보지를 뒤진다
- 인터넷으로 알아본다
- 지역 근처의 부동산을 이용한다

주소이전 신청
- 휴대전화 회사
- 신용카드 회사
- 인터넷 회사
- 주민등록증
- 면허증

우선순위를 정한다.

모든 일에는 우선순위를 정해야 한다

우선순위를 모르는 사람은
인생을 방황하고 있다고 말할 수 있다.
그들은 눈앞에 있는 것부터 순서대로 손대 버린다.
그러면 아무리 바쁘게 일해도 좀처럼 목표에 다가갈 수 없다.

모든 일에는 '○○을 해야만 ○○할 수 있다'
'○○을 하기 전에 ○○을 해두는 편이 좋다'는 순서가 있다.
이 순서를 스스로 볼 줄 알면
목표까지의 최단경로가 저절로 떠오른다.
큰 종이에다 다음과 같은 네트워크 그림을 그려보자.

네트워크 그림

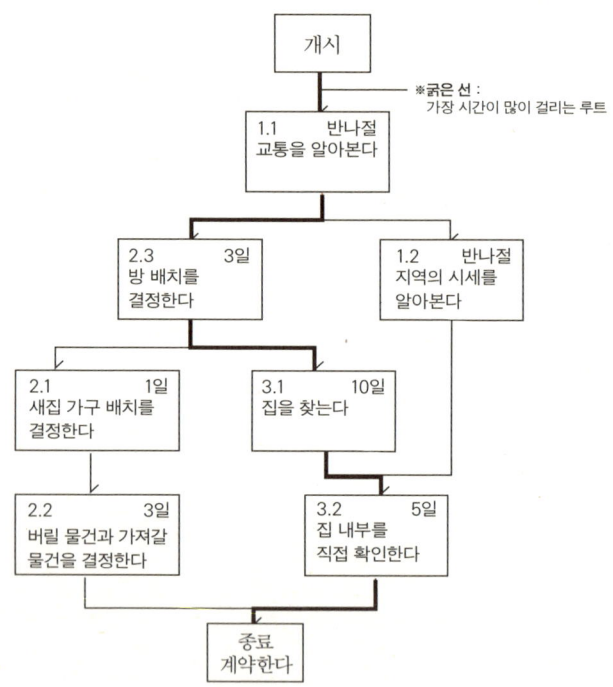

개시

※**굵은 선** :
가장 시간이 많이 걸리는 루트

1.1　　　반나절
교통을 알아본다

2.3　　　3일
방 배치를
결정한다

1.2　　　반나절
지역의 시세를
알아본다

2.1　　　1일
새집 가구 배치를
결정한다

3.1　　　10일
집을 찾는다

2.2　　　3일
버릴 물건과 가져갈
물건을 결정한다

3.2　　　5일
집 내부를
직접 확인한다

종료
계약한다

CHECK 소요 시간 조정

자신 있는 작업 – 예상 소요 시간에서 10%를 뺀다

지금까지 해보지 않은 작업 – 예상 소요 시간에 20%를 더한다

함께하는 작업 – 의사소통할 시간으로 10%를 더한다

프로젝트 출발에서 종료까지는 다양한 루트가 있다.

이중에서 가장 멀리 돌아가게 되는(가장 시간이 많이 걸리는)

루트가 중요하다.

이 루트야말로 프로젝트 전체를 끝내는 소요 시간이 되고,

이 루트의 작업이 조금이라도 늦어지면

프로젝트 전체가 늦어진다.

프로젝트를 진행할 때는

이 점을 염두에 넣어서 확인한다.

만약의 사태를 대비해 대책을 세워라.

만일 당일 비가 오면 어떻게 할까.

담당자가 병으로 참여하지 못하면 어떻게 할까.

업무에 필요한 기자재가 제때 도착하지 않으면 어떻게 할까.

프로젝트 리더의 고민은 끝이 없다.

불안을 상상하는 동안 기분은 자꾸 가라앉는다. 고도의 긴장을 유지하는 기술은 리더에게 빼놓을 수 없는 요소 중 하나다. 차라리 '어떻게든 되겠지' 하고 마음먹는 편이 프로젝트의 열기를 떨어뜨리지 않는 방법이다. 잊어라. 좀더 긍정적인 사고로 가라. …… 그러나 그런 사람은 일단 문제가 발생했을 때 손쓸 방법이 없어 프로젝트를 순식간에 망쳐 버리기도 한다.

긍정적 사고란 결코 '부정적 요소에서 눈을 돌리는 것'이 아니라 최악의 상황을 가능한 많이 찾아서 '선수를 칠' 방법을 생각해내는 법을 말한다. 상상할 수 있는 모든 문제점의 대처법을 미리 생각해두면 나머지는 좋은 점만 남는다. 그 때문에 설령 누군가 불안을 느끼더라도 '걱정 마. 어떻게든 잘될 거야.'라고 자신 있게 격려할 수 있다.

이럴 때 어떻게 할까?
만일 = 위험의 종류는 크게 나누면 다음과 같다

목표가 달라질 위험

- 의뢰인의 희망이 달라진다.
- 기한·예산이 달라진다.

기한이 바뀔 위험

- 가장 시간이 많이 걸리는 스케줄 상의 일이 늦어진다.
- 한 가지 일이 예상보다 늦어진다.
- 타인에게 부탁한 일이 늦어진다.
- 마감이 정해진 일이 늦어진다.
- 예상하지 못한 일이 일어난다.

사람·물건·돈이 부족할 위험

사람의 위험요소

- 부상·질병 같은 이유로 움직일 수 없게 된다. 멤버에서 빠지게 된다.
- 전문기술이 있는 멤버가 빠진다.

물건의 위험요소

- 도구가 망가진다. 구하지 못한다. 부족하다
- 예정된 장소를 쓸 수 없게 된다.

돈의 위험요소

- 예기치 못한 지출이 생겨 예산을 초과한다.
- 견적을 냈을 때보다 가격이 급격히 올라간다.

위험요소를 모두 찾았으면
그 일이 '발생할 가능성'과 '영향력'을 생각한다

'발생 가능성'이 높고 '영향력'이 크다
 = 대응책과 예방책을 생각한다

'발생 가능성'이 높고, '영향력'이 작다
 = 대응책을 생각한다

'발생 가능성'이 낮고, '영향력'이 크다
 = 대응책을 생각한다

'발생 가능성'이 낮고, '영향력'이 작다
 = 무시해도 좋다

이제 이것으로 모든 순서는 끝났다.

이렇게 해서 프로젝트를 달성하기 위해 필요한
'해야 할 일'을 이끌어냈다.
남은 것은 행동으로 옮기는 일뿐.

성공의 반대는 실패가 아니다.

성공은 반드시 실패의 연장선 위에 존재한다.

가장 피하고 싶은 일은
시작도 하지 않고 후회하는 것.

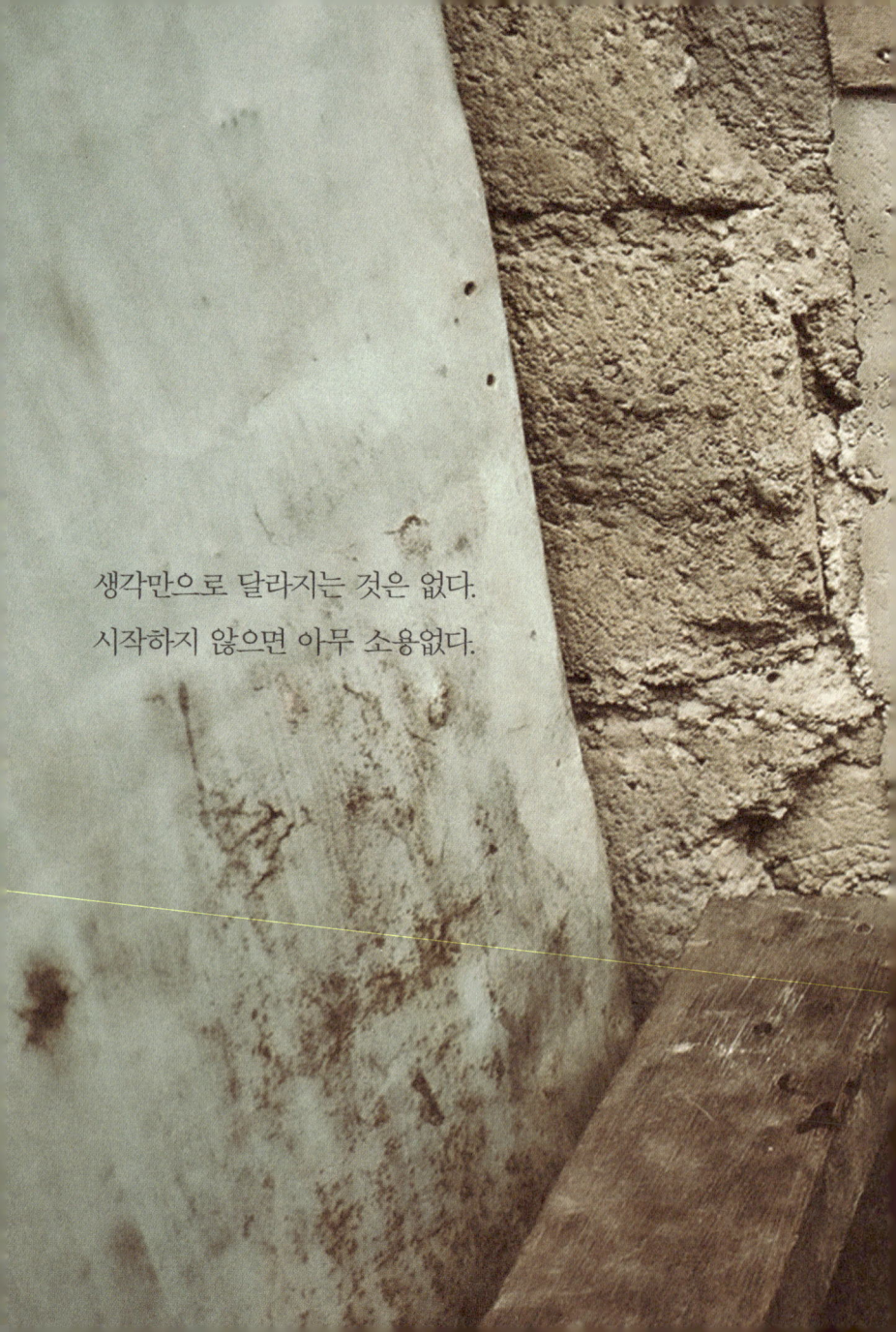

생각만으로 달라지는 것은 없다.
시작하지 않으면 아무 소용없다.

골똘히 생각하는 것보다 행동하라. 움직이면 저절로 보인다.

2.0 M

1.9 M

1.8 M

두려워하지 않아도 된다.

죽는 것 이외에는 모두 가벼운 상처일 뿐이다.

시작하라!

It's a show time!

PROJECT OF LIFE 【Ⅲ】

실행

How do you move?
CHAPTER3   어떻게 움직일까?

어떻게 움직일까?
HOW DO YOU MOVE?

변하고 싶은가?

정말로 흐름을 바꾸고 싶은가?

변하기 위해 뭔가 구체적인 일을 시작하고 있는가?

인생은 생각한 대로 된다.

'생각한 대로 될 리 없다!'고 믿는 사람이 있는데,

그 사람은 그렇게 생각했기 때문에 그 생각대로 된 것이다.

'내 생각대로 되기 위해서 해야 할 일'을 시작한 순간,

변화는 이미 시작된다.

마음의 눈을 깨워라.

흥분할 것도, 고양할 것도, 계기를 기다릴 필요도 없다.

지금 당장 시작하면 된다.

지금 해야 할 일은 오직 하나.

눈앞에 산적한 '해야 할 일'에
깔려 있어서는 안 된다
시간 내에 할 수 있는 일은 정해져 있고
지금 할 수 있는 일은 하나밖에 없기 때문이다

가방 두 개에 나눠 넣을 분량의 짐이라도 잘 생각해서 차곡차곡 채워넣으면 가방 하나로도 충분할 때가 있다. 예정과 예정 사이에 시간을 만든다.

반복할 수 있는 작업은 반복해 버려라.

그런 식으로 시간을 디자인하면 하루에 많은 일을 할 수 있으면서도 하나하나의 시간은 천천히 보낼 수 있다.

그리고 머릿속은 언제나 단순하게.

직접 기억하지 말고 모두 스케줄 표에 기억시킨다.

스케줄 표를 펼치면 '지금 내가 해야 할 일'이 적혀 있다.

자신의 명령에 따를 때는 아무것도 생각하지 말고 실행만 하면 된다.

머리는 준비할 때만 쓰면 된다.

일단 계단만 만들면 이제 남은 것은 올라가는 일뿐이다.

때때로 방황하고 싶을 때도 있지만 쓸데없는 생각은 접어두고, 눈앞에 놓인 일에 전력을 쏟자.

빈도 × 심도 = 커뮤니케이션.

동료와 마음을 터놓자

메일보다 전화를, 전화보다 만남을, 만남보다 식사를.

하룻밤 같이 보낼 수 있다면 더욱 좋다.

아니면 두근거림을 즐길 수 있는 장소에서

함께 사소한 체험을 하면 마음의 거리를 단숨에 좁힐 수 있다.

동료와 자주 이야기하라.

특별한 일이 아니어도 좋다. '늘 마음 쓰고 있다'는 마음만 전할 수 있으면 그것만으로 충분하다. 서로 마음이 잘 맞는 것뿐만 아니라 자주 만나는 것으로도 인간관계를 깊게 할 수 있다. 커뮤니케이션의 모든 가치는 받는 이가 결정한다.

'그럴 마음이 아니었다'는 당신의 '마음'과는 상관없다.

'무엇을 전했는가?'가 아니라 '어떻게 받아들였는가'다.

한번 용건을 전했다고 안심해서는 안 된다.

완전히 맡기는 것이 업무 분담은 아니다.

일을 넘겨도 눈은 떼지 않는다.

눈은 떼어도 의식만큼은 거두지 않는다.

느긋이 주위를 배려할수록 프로젝트는 빨리 전개된다.

기분을 조종하라.

행동은 기분에 좌우된다.
꼭 움직여야 하는데, 움직이고 싶지 않을 때가 있다.
그러나 자신의 기분을 좌우할 줄 알면
자신의 행동을 컨트롤할 수 있다.

목욕을 하거나, 맛있는 음식을 먹거나,
좋아하는 곡을 듣거나, 좋아하는 장소에 가거나….
자신의 의욕을 끌어낼 스위치를 많이 만들어두자.

처음 시작하는 일은 일부러 천천히
지나치다 싶을 만큼 정성스럽게 해도 된다.
예술 작품처럼 완벽하게 완성하겠다고 마음먹고.
그러다 보면 마침내 그 세계로 들어간다.
나머지는 흐름에 몸을 맡기기만 하면 된다.

HOW DO YOU MOVE?

프로젝트 문제해결.

자신의 지금 상황을 알기 위해서 과거 일주일 동안 일어난 일과
앞으로 일주일 동안 일어났으면 하는 일을 종이에 정리한다.
다른 사람에게 보여주려고 쓰다 보면
좀더 정확하게 자신을 파악할 수 있다.
또 당신의 정보를 공유하기 위해
서로 정리한 리포트를 메일로 주고받는다.

나쁜 정보일수록 빨리 보고하는 편이 낫다.
리더는 나보다 늘 선택의 폭이 넓다는 사실을 잊어서는 안 된다.
지혜를 빌리는 것도 중요한 일이다.

프로젝트가 진행되면 반드시 생각지 못한 문제가 일어난다.

그러나 그것은 모두 해결 가능한 문제다.
중요한 것은 그 문제가
'사실'인지
'이미지'인지를
분명히 하는 것이다.

어떤 문제가 일어났을 때는 '사실'에 대해서만
생각하면 된다.

예를 들면, 'A는 마감 날에도 느긋하다'는 것은 이미지.
하루만 늦어도 늘어졌다고 느끼는 사람이 있고
단 하루밖에 늦지 않았다고 느끼는 사람도 있다.
이미지는 사람에 따라 해석이 제각각이다.
그러므로 문제는 '사실'만을 다뤄야 해결할 수 있다.

사실에는 '일어난 일' '숫자로 된 일' '말한 것' 세 가지밖에 없다.

'A는 마감이 지나도 서류를 제출하지 않는다.'
이것은 사실이 된다.

'인원이 적다'는 것은 이미지.

'과거와 비교해서 다섯 명 적다'고 하는 것은 사실.

'미팅 내용이 나쁘다'는 것은 이미지.

'리더가 미팅 내용이 나쁘다고 말했다'는 것은 사실.

사실을 찾아냈으면

나머지는 해결 방법에 대해서 이야기만 하면 된다.

여러 사람이 모여서 이야기를 나누면 다양한 아이디어가 나온다.

그중에서 채용할 아이디어는 하나뿐,

물론 '목표에 가장 가까운 것'이다.

누가 제안했는지는 관계없다.

※회의에는 최소한의 규칙이 있다.

의장을 정할 것. 자료를 나눠줄 것. 소요시간을 정해둘 것.

이야기한 것을 항목별로 기록할 것. 회의록을 만들 것.

주장은 나중에, 먼저 상대의 이야기를 들을 것.

자신의 문제해결.

바쁜 때일수록 자신에게 물어보라.

'지금까지 하던 대로 하면 정말 시간 안에 끝낼 수 있을까?'

일에 치이다 보면 점점 시야가 좁아져

'벌레의 눈'이 되어 버리기 때문이다.

작업을 하고 있을 때는

'벌레의 눈'의 집중력도 빼놓을 수 없을 만큼 중요하다.

그러나 벌레의 눈에는 지금 처한 상황이 들어오지 않는다.

때때로 '새의 눈'의 넓은 시야로 프로젝트 전체를 조망해보자.

상황은 시시각각 달라진다.

순서의 계단이 어딘가에서 무너져 있지는 않은지

오르지 못할 만큼 높은 계단에 맞닥뜨린 건 아닌지.

목표만 바뀌지 않으면 순서는 얼마든지 바꿀 수 있다.

기존의 방법에 매달릴 필요는 없다.

'이 방법이라면 잘되겠다!'는 감이 잡힐 때까지

다양한 방법을 시도해보자.

문제가 일어나면 그 문제를 분석해야 한다.

결코 무시해서는 안 된다.

문제는 무시할수록 도깨비처럼 커지고 번식하기 시작한다.

감각이 둔해지고 의욕도 사라진다.

그러니 즉시 태풍의 눈 속으로 뛰어드는 게 낫다.

빨리 손을 쓰면 그만큼 문제를 빨리 해결할 수 있다.

여러 가지 문제가 동시에 일어날 때도 있다.

그럴 때는 마음 한구석에 방치하지 말고

밝은 종이 위로 끌어내라.

종이 위에 문제를 적어보면 대부분 상상했던 것보다 시시하다.

게다가 문제는 종종 겹치는 부분이 많다.

그것을 트럼프의 원카드를 하듯 간단히 줄여갈 수도 있다.

지금 당장 해결해야 할 문제는 무엇인가.
어떻게 하면 해결할 수 있는가.
갑자기 움직이지 말고 하나하나 깊이 생각해서
대처법을 생각하자.

두려워할 필요는 없다.
여러분 앞에는 해결 가능한 문제만 일어나니까.

어떤 사람은 세계 경제에 골머리를 썩고
어떤 사람은 옆집 개가 시끄럽게 짖어서 고민이다.
물론 개 짖는 소리로 고민하는 사람도
세계 경제 문제와 관계가 있다.
하지만 그것을 알아차리지 못한다.

그 사람이 극복할 수 있는 범위 내에서만
문제가 나타나고 보이기 때문이다.

HOW DO YOU MOVE?

다음 일을 생각한다.

밥을 다 먹으면 엄마가 말한다.
'다 먹은 그릇은 설거지통 안에 갖다 넣어라.'

그릇을 설거지통 안에 갖다 넣었더니 엄마가 말한다.
'설거지통 안에 물을 채워라.'

설거지통 안에 물을 채웠더니 엄마가 말한다.
'다른 그릇도 물에 담가라.'

내 일에서 동료의 일로, 오늘 일에서 내일 일로.
일이 서로 이어지는 이음매에는
반드시 풀칠하는 곳 같은 부분이 존재한다.
그 부분까지 포함해서 일이라고 생각하라.
그것은 임무가 아니라 애정이다.

초속과 종속.

프로젝트가 박차를 가하면서 달려갈 때의 질주감을
얼마나 유지할 수 있는가?
신선함이야말로 프로젝트의 생명력이다

하루하루 작업에 쫓기다 보면 차츰 '벌레의 눈'이 되어 버린다.
벌레의 눈이 되면 판단 기준이 흔들린다. 판단 기준이 흔들리면
지금 자신이 제대로 하고 있는지 알기 어렵다.

나는 지금 이 일을 왜 하는가?
원점인 최종 목표를 잃지 않도록.
자신이 잊지 않게, 동료가 잊어버리지 않게 자주 말하라.

'이건 할 수 있어!' 하는 감각이 현재 있는지.
두근거림은 늘 인생의 나침반이다.

결승선에는 무엇이 기다리고 있을까?
그 끝에 가면 도대체 무엇이 보일까?
계속 부풀어 오르는 상상력이
다음에 나타날 벽을 깨뜨릴 힘이 된다.

PROJECT OF LIFE [IV]

검증

What do you learn from the result?

CHAPTER4　결과에서 무엇을 배우는가?

WHAT DO YOU LEARN FROM THE RESULT?

결과에서 무엇을 배우는가?
WHAT DO YOU LEARN FORM THE RESULT?

일은 끝났다.
이제 두 번 다시 할 마음이 없다면 그냥 내버려둬도 좋다.
하지만 당신의 프로젝트는 틀림없이 계속될 것이다.

타임머신을 타고 '프로젝트를 막 시작한 무렵'으로
되돌아간다면 어떻게 될까?
좀더 적은 힘으로 같은 결과를 낼 수 있을 것이다.
좀더 단순한 과정으로, 좀더 빨리, 쉽게 해낼 수 있을 것이다.

실패한 경험은 지체 없이 기록한다.
깊은 깨달음은 자신에게 법칙이 된다.
그리고 다양한 실패를 많이 경험할수록
앞으로 머리를 쥐어뜯으면서 고민할 일이 줄어든다.

프로젝트에서 모든 우연을 없애고
마음 편하게 순서 리스트를 목표로 삼기 바란다.

결과에서 배운다.

프로젝트가 성공했다고 해도
참가한 동료들이 하나가 되지 못했다면 의미가 없다.

사람은 반드시 평가해야 한다.
우연이었더라도 결과를 낸 사람은 꼭 칭찬한다.
결과는 내지 못했어도 실력 있는 사람은 꼭 칭찬한다.
결과나 실력이 따르지 않아도
끝까지 포기하지 않고 도전한 사람은 꼭 칭찬한다.

사람은 평가받으며 성장하는 동물이다.
'당신이 열심히 일한 것을 나는 알고 있다.'는 한마디에
모든 수고를 보상받는 사람도 있다.

이제 검증해보자.

목표한 대로 결과가 나왔는가?

목표를 도중에 바꾸지 않았는가?

목표를 바꾼 뒤 순서에 차질은 없었는가?

목표를 바꾼 것에 관계자 전원이 OK했는가?

예산은 초과하지 않았는가?

처음에 세운 예산이 정확했는가?

예산 배분에 무리는 없었는가?

예산을 좀더 깎을 방법은 없었는가?

마감 날짜는 지켰는가?

좀더 시간을 단축할 방법은 없었는가?

계획한 대로 작업했는가?

동료와 마찰 없이 잘했는가?

동료와의 커뮤니케이션은 원만했는가?

동료의 지식과 기술은 충분했는가?

바쁜 사람과 한가한 사람으로 나뉘지 않았는가?

모든 사람이 끝까지 의욕에 차서 일했는가?

그리고 이 프로젝트에서 과연 무엇을 배웠는가?

다음 프로젝트로.

한 가지 프로젝트를 끝낸 지금
당신은 성취감을 맛보았을 것이다.

오르기 어려워 보였던 계단도 지금 돌아보면
발아래 아득히 멀리 있다.
줄곧 밑에서 올려다보기만 했는데
이제는 모두 내 손 안에 있다.
눈앞에는 정상에서만 볼 수 있는 경치가 펼쳐져 있다.

성취감은 일종의 엑스터시다.

한 번 맛을 본 사람은

누구나 또 한 번 엑스터시를 맛보고 싶어한다.

뇌가 갈망하기 때문이다.

지혜와 체력을 남김없이 쏟아부은 이번 프로젝트도

다음번에는 조금 지루하게 느낄 것이다.

비슷한 수준의 일에서는 이제 자극을 얻지 못한다.

그러면 당신은 조금 더 높은 산을 찾게 된다.

그러나 지나친 성취감은 위험하다.

사람은 마음이 완전히 채워지면 움직일 수 없다.

어떤 목표를 달성했으면
이번에는 그 목표의 완성을 목표로 삼는다.
전력으로 달려가서 겨우 도달한 목표를
언제나 재현 가능한 상식으로 만드는 것이다.
저렇게 엄청난 일을 저 사람은 어쩜 저렇게
쉽게 해치울 수 있을까.
옆에서 보면 너무나도 불가사의한 일이지만
당신만은 그 구조를 잘 알고 있다.

WHAT DO YOU LEARN
FROM THE RESULT?

한 번 더 무엇을 목표로 할 것인가?

'목표로 삼는다'와 '열심히 한다'는 말은 다르다.
열심히 하지만 목표로 삼지 않을 때도 있다.
이 차이를 구별하기란 쉽지 않지만 분명 많이 다르다.

'목표로 삼는다'란 지향하는 대상과 기한이 명확하고,
달성하기 위해서 의지를 갖고 행동한다는 뜻이다.

날마다 그림을 그리는 화가가 있다.
누가 봐도 무턱대고 열심히 그림만 그렸다.
그러나 개인전을 열겠다고 마음먹고 '일정'을 잡은 순간
움직임이 구체적이 되었다.

어머니는 날마다 요리를 하지만
요리사가 되지는 않는다.
하지만 처음 칼을 쥐었을 때부터
'요리사'를 목표로 한 소년은
몇 년 뒤 정말 요리사로 일하고 있다.

최소한의 노력으로 최대의 결과를 이끌어내기 위해.

모든 일은 목표를 정하는 것에서 시작된다.

Epilogue

프로젝트를 시작하자.

눈앞에는 백지장 같은 시간이 가로놓여 있다.

아무리 기다려도
흐름을 바꿀 카드는
찾아오지 않는다.
이미 자신의 손 안에 있기 때문이다.

사실은 세상 어디에나
즐거운 일이 넘쳐난다.

눈을 한곳에 집중시키면 반드시 찾을 수 있다.

바라기만 하면 빛의 요정은 언제나 춤추며 내려온다.

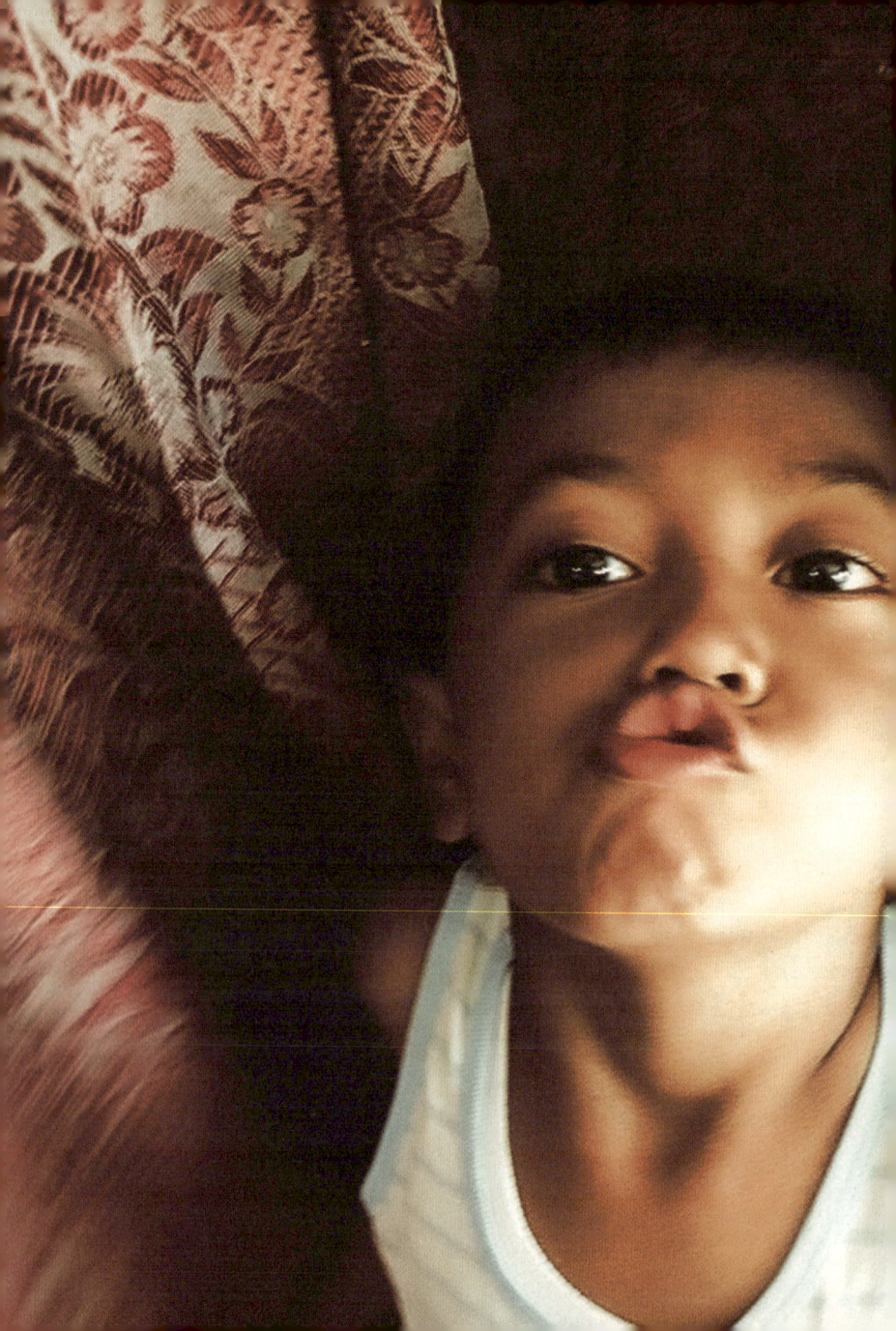

자신의 미학(美學)과
자신의 스타일을 생각해내라.

누군가 만들어놓은 스토리가 아니라,
당신에게서 시작되는 스토리를.

어렸을 때 꿈꾸던 것을,
동료들과의 약속을,
지켜줘야 할 사람에게 품은 애정을,
당신은 이 모두를 힘으로 바꿀 수 있다.

Fake it until you make it!

할 수 있을 때까지 할 수 있는 척하라.

살다 보면 멋진 일이
순식간에 찾아온다.

의식의 손을 미래로 뻗어
되고 싶은 자신을 만져보기 바란다.

당신이 받은 최고의 선물은
'인생을 즐겨도 좋다'는 권리이다.

기 획 | 사토 다이고

1973년 오사카 출생. 오사카 대학 법학부 중퇴. 'Human Design Authority'사 대표. 오사카 대학 및 와세다 대학 객원연구원. 2003년, 오사카 상공회의소가 주최한 'PWA(순서를 정하는 힘) 검정' 활동을 시작으로, NTT 도코모, JR, 이토추 상사 등 기업을 대상으로 프로젝트 매니지먼트 보급 활동을 펼치고 있다. 지은 책으로 〈재미있을 것도 없는 세상을 재미있게〉가 있다.

http://www.dandori.tv/

http://hda.co.jp/

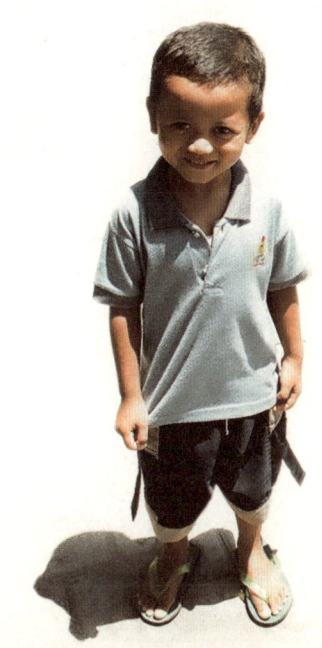

내 인생의 프로젝트

2판 1쇄 발행 | 2013년 3월 29일
2판 2쇄 발행 | 2016년 3월 20일

지은이 | 야마자키 다쿠미
옮긴이 | 이수경
펴낸이 | 이동희
펴낸곳 | (주)에이지이십일
출판등록 | 제2010-000249호(2004. 1. 20)

주소 | 서울시 마포구 성미산로 2길 33 202호
전화 | 02-6933-6500 팩스 | 02-6933-6505
홈페이지 | http://www.eiji21.com

ISBN 978-89-98342-04-3 03320